準備された世界

対話

真のスピリチュアルに生きる

【対話】

準備された世界

真のスピリチュアルに生きる

今こそ、まっとうなスピリチュアルが必要だ

近頃なんだか世の中がおかしなことになってはいないでしょうか。

私は東京のはずれ篠崎で「読書のすすめ」という書店を経営しています。屋号の通り、店に来たお客さんと直接会話し、本をおすすめするという販売スタイルをとっています。

最近お客さんからよく言われるのは「清水さんがおすすめする本は難しい」という言葉です。「え？」って思うわけです。簡単で、分かりきった、自分が理解できることだけを知りたいのなら、本を読む必要なんてあるのでしょうか。本の役割はそもそも真逆で、聞いたことがないこと、初めて見る言葉、初めて触れる思想、そういったものに出会うことにあります。

まえがき

清水克衛

ところが難しい本というのは世間一般では売れません。ですから出版社も損得を優先して、分かりやすく、読者におもねった、売れそうな本ばかり作ることになります。結果的に本そのものが変わってしまいました。今、書店を覗くと平積みになっているのは「成功するための○か条」とか「ラクして儲ける○○メソッド」とか、私欲を満たす本ばかりです。

時間はありません。本当に。このままでは、どんどん世の中はおかしくなってしまいます。

先日、うちの店に一人のお客さんが来ました。就職のために地方から東京に出てきたという20歳の男性です。彼は「会社を辞めてやったんですよ」と私に言いました。彼によれば、会社でパワハラを受けたそうです。「だからオレは辞めてやったんですよ。そのあと会社からも、親からも、何回も電話がかかってきたけど、無視してやりましたよ」と、さも自慢話をするように彼は言いました。

一方向からの話なので彼が受けた行為がパワハラに当たるのかどうかは分かりません。それはいったん置いておいて、気になったのは、彼が自分にとって不都合と思えること、面白くないことを突きつける相手をすべて「敵」と見なし、わが身を振り返ることなく攻撃の対象にしていることでした。

よくよく聞くと彼はたいへんな読書家でした。たくさんの本を、それも今時の本を読みあさっていて、私の知らないことをたくさん知っていました。なんとかベッカム……違う、ベーシックインカムとかね。「清水さん、ご存じですか。これからの世の中はベーシックインカムに向かうんです。国がすべての人に無条件で毎月一定額のお金を配る仕組みになり、働きたい人だけが働けばいいという世の中になるんです」と彼は滔々と述べ立てながら、自分が働かないことを正当化していました。最初は私も黙って聞いていましたが、途中からだんだんはらわたが煮えくりかえってきました。

ベーシックインカムの是非はいったん置いておいて（さっきから

いろいろなものをいったん置いていますが）、彼にとって問題なのは本を読んで情報を詰め込み、賢くなった気でいることです。根本的な思想がないのに、上っ面のテクニックだけが入っているから、彼のように自分自身を棚に上げておかしな主張ばかりするようになってしまう。こうなってしまったのは本のせいです。

本をすすめて世の中を少しでも良くしたいと考えている私からすれば、本のせいで人間がおかしくなっちゃう世の中なんていうのはもってのほかです。危機的な状況だと痛感しました。

まえがき 清水克衛

私はよく「縦糸の読書」という言葉を使います。縦糸の読書とは、時代が変わっても変わらない、世の中を貫く普遍的な法則である真理を学んでいく読書のことです。これに対して、時代が変わったらすぐに役に立たなくなるようなビジネス本やノウハウ本を読むことを「横糸の読書」と呼んでいます。

今の時代、「縦の意識」を持つことが必要だとつくづく感じます。

「縦の意識」とは、日々の雑多な情報に安易に振り回されず凜として生き抜くこと、歴史を知り未来に責任を持つことです。

しっかりとした縦糸の読書をすると、今まで気づくことのなかった世の中のさまざまな仕組みが面白いように見えてきます。そしてその欠点に気がついて、仕組みそのものをぶっ壊したくなります。人間中心主義というべきあやしげな土台の上に築かれた世の中の仕組みをぶっ壊したくなるのです。

今、何かがおかしいと感じている人は多いでしょう。何かがおかしいのなら、一度ぶっ壊したらいい。それまでの常識や価値観を一度壊しちゃったらいいんです。

これまで私は縦糸の読書を強くすすめながらもお客さんには「横糸の読書もいいけど、たまには縦糸の本も読んでね」というスタンスでした。しかし、彼に会って考え方が変わりました。「横糸の本なんて読んじゃダメ！　そんな本が世間にあふれかえっているから、おかしな世の中になっちゃった。だから絶対にダメ！」。そう言うようにしています。とにかく時間がないのです。

話が最初から脇にそれてしまいました。なぜ今回、北川八郎先生との対話を本にまとめようと思ったのか。それについて書きましょう。

きっかけは2016年11月に「読書のすすめ」で開催した北川先生のトークライブでした。『繁栄の法則その二』（致知出版社）の出版記念として北川先生にお越しいただいたのです。

北川先生のことは存じ上げていて、「読書のすすめ」では以前から著書も取り扱っていました。けれども断食の話を直接聞くのはそのときが初めてで、その内容はとても衝撃的でした。断食経験に基づいたエピソードの一つひとつは、不思議でありながら大切な真理を含んでいると感じました。

禅の教えに「自灯明」「法灯明」という言葉があります。お釈迦様が亡くなる直前におっしゃった言葉だそうです。「じ……じとう

まえがき

清水克衛

みょう……ほ……ほ……ほう……ング……ほうとう……みょう（ガクッ）」と実際に言ったかどうかはわかりませんが、お釈迦様は亡くなる前に弟子たちにこんなメッセージを送りました。「自らを灯明とし、自らをたよりとして他をたよりとせず、法を灯明とし、法をたよりとして他のものをたよりとせず生きよ」と。

自灯明は、自分自身をよりどころとしなさい、という意味です。法灯明の法とは真理のこと。法灯明は、真理をよりどころにしなさい、という教えです。北川先生のお話にはこの「法」があると直感しました。すぐに、本にしたい、これは縦糸の本になると確信しました。

今の世の中、あやしげなスピリチュアルがあふれています。お金儲けのスピリチュアル、自己満足のスピリチュアルばかりです。「成功するためのスピリチュアルを教えます」といってン十万円、ン百万円もする超高額の受講料をとってセミナーをする。これ自体、すでにお金儲けの手段なんですね。

まえがき

清水克衛

本当のスピリチュアルというのは、そうじゃないはずです。今の世の中にはあやしいスピリチュアルではなく、まっとうなスピリチュアルが必要です。

もともと私はどちらかというとスピリチュアルから距離を置いていた人間です。大学ではスピリチュアルとは真逆の物理学を専攻していました。だけど、その物理の世界も既に理解を超えた世界、説明がつかない世界に入っています。素粒子の世界の根本は、最先端の物理も「説明ができない」と言い切っています。科学で説明ができることには限界があるのです。

ニーチェは「神は死んだ」と言いました。それ以前の世界では神や仏といった存在をよりどころにして人びとは生きてきましたが、ニーチェはその神を殺しました。個人主義の世の中になって、宗教をよりどころにしてきた多くの人びとは頼りにするものを失ったのです。それに取って代わったのが「科学教」です。科学信奉とか、科学主義と呼ばれるものです。現代では多くの人が科学を基準にしています。科学的に証明されればみんなが安心するし、逆に科学的な裏付けができないものはあやしいものということになります。ですが、先ほども書いたように科学で説明できることには限界があります。物理学の世界では、分かっていることは5％しかなく、分からないことが95％もあるという研究者もいます。科学教の方が非常にせまくて、分からないことだらけだということです。

よく考えてみてください。土の中にタネをまいたら芽が出て野菜になることだって、生物学の言葉を使って一応説明することはできますが、それにしてもタネが誰に教えられなくても芽を出すなんて不思議だと思いませんか。鶏の卵（有精卵）をあたためると21日後にヒナがかえりますが、「殻を割って出ておいで」と親鶏は教えたでしょうか。人間だって不思議ですよ。口から食べものを食べて、それが体内で化学変化して血や肉になり、体が動く。翻って考えると不思議なことだらけです。そうやって突き詰めると、私たちはもっと自然に対して謙虚に生きなくちゃと思うわけです。

私自身は神さま・仏さまとは無縁の世界でずっと生きてきました。でも、さまざまな本を読み、資本主義の仕組みとか、世の中を俯瞰して考える中で、「大いなるもの」に対してもうちょっと謙虚にならざるをえないよなぁと考えるようになりました。そういう意味ではスピリチュアルへのアプローチが科学っぽいのかもしれません。理詰めで考えて「これからはスピリチュアルだな。直感だよな。精神性だよな。祈りだよね」と思うにいたったわけですから。

本書に書かれた北川八郎先生の話も不思議がいっぱいです。その言葉をどのように受け取るかはあなた次第です。でも、なんだか最近の世の中はおかしいゾと思う人には、きっと大事な気づきを与えてくれるはずです。

まえがき

清水克衛

もくじ

北川八郎

清水克衛（聞き手）

清水

北川先生、それでは始めましょう。ここ最近、スピリチュアルという言葉自体が非常に注目されています。海外では瞑想のことを「マインドフルネス（mindfulness）」と呼んで企業研修に取り入れるケースも増えていますし、それが逆輸入される形で日本に入り、ブームのようになっています。スピリチュアルの受け止め方が以前とは明らかに変化しているようです。だけど、その一方でブームに便乗するようなチープで薄っぺらい、客集めのためのスピリチュアルが氾濫しているようにも感じています。

実践的スピリチュアル／見えないけれどあるもの／松のエネルギー

北川

今の世の中はお金を生み出すことを目的としたスピリチュアルが多いですね。お金というのは、現代社会において必要なものなのでそれ自体を否定するわけではありませんが、お金をめざしたら濁ってしまいます。

お金をめざすこと、言い換えれば「自分中心の生き方」を良しとする考え方は他人を傷つけても自分は良しとなるから、他人を不幸にしてしまうのです。スピリチュアルに生きるとは、自己を捨てて相手を救うことじゃないでしょうか。

私は伝道者ではありません。そうではなく、私は自分を実践者だと考えています。自分が体験したことだけを伝え、その人びとに伝えた道を私も歩む実践者でありたい。私が伝えるスピリチュアルとは、自分の体験を通した、世の摂理につながるスピリチュアルなことなんです。

ですからハウツー（How to）ではありません。ハウツーではなく、私は「気づき」を通してみなさんの心を「善意に生きる」方向へ導きたいと願っています。なにか人の心の奥にある純粋性に灯りをともすのが私の役目だと思っています。

たとえば、この世の中には「目には見えないけれどあるもの」がたくさん存在します。むしろ「見えないもの」の力の方が大きいでしょう。

人間にはさまざまな感覚器が備わっていますが、特に視覚の影響力が強く、私たちが得る情報の8割以上を視覚から得ているといわれています。だから多くの人が「見えるもの」が真実で、「見えるもの」がすべてであるという中で生きてしまいます。

だけど本当はそうではありません。音楽は見えるでしょうか。楽譜にすれば見えるけれども、楽譜は音を見えるように記号に置き換えたものです。つまり、音や匂い、冷たさや暖かさ、人間の感情や愛情といった「見えないもの」の方がこの世の中には圧倒的に多く存在し、世界を満たしているのです。つまりmuchの世界……数えられないものに支えられています。

私は、断食を通して「見えないもの」の存在と、その力の大きさを知りました。正確にいえば、「見えないもの」というよりも、今まで存在していたけれど「気づかなかったもの」を感じたといった方がしっくりくるでしょう。

たとえば松の木があります。いろいろな木がある中で、松の木が持つエネルギーというのは最も人間のエネルギーの波長に近いんですね。その証拠に、昔のお城や東海道などの大きな街道沿いには松が植えられていました。もしかしたら日本人の元気がなくなったのは、私たちの町や暮らしの中から、松がなくなったからじゃないかと思えるほどです。

おそらく昔の人は、松の木が最も多くのエネルギーを与えてくれることを知っていたのでしょう。当時は電気もコンピューターもない世の中ですが、私たちよりはるかに知覚能力が高かったんだと思います。

私の場合は断食中にそのことに気づかされました。

長い断食で自分のエネルギーがなくなり、疲れて動けなくなったときに、松の木が「こっちへ来い」と呼んでくれました。呼ばれるままに松の木にしがみつくと、松の木からエネルギーをもらえるのが感じられました。自分の電球が光源を失うと、初めてすぐ隣の薄明かりの存在に気がつくように、すぐ傍らに存在していたがまったく気づかなかった「意志あるエネルギー」の存在に気づくのです。

断食はそうしたことを、経験を通して教えてくれました。「見えないけれどあるもの」「存在していたけれど気づかなかったもの」がたくさんあることを長い断食という経験によって知りました。そしてこれが私にとって揺るぎのないもの、中心軸となりました。

清水さんが言われるように、ハウツーものは「見えるもの」を扱います。その方が分かりやすいからです。だけど、ハウツーで学んだことはすぐに忘れてしまいます。なぜなら自分の利益にならないと思ったら、人はすぐにやめてしまうからです。

でも、利益にならなくてもやらなければならないことが世の中にはいっぱいあります。むしろその方が大事なぐらい。

ハウツーで奇跡を教えるスピリチュアルや宗教といったものは、その努力を忘れているのでしょう。「棚からぼた餅方式」で、祈ればやってくるようなことをいいますけれど、あんなのはウソやと思います。

清水

個人主義の世の中になって人びとの中にあった宗教観が薄まってきました。特に戦後の日本では顕著です。昔の日本には、庶民から偉い人まですべての人の生活の中にスピリチュアルがあって、それが拠り所としてあるからこそ、安心感が持てたり、やすらぎがありました。けれどもここへきてそれがなくなり、安心感が得られずにおかしくなっちゃう人が増えてきました。特に今の四十代にそういう傾向の人が多い。支えがなく、他人の目ばかりを気にしています。

天につながる通信機／クスクス笑い／人生の宿題

北川

本当にね。そういう方にこそスピリチュアルに生きることを教えてあげたいですね。

昔は「お天道さまが見てる」なんて親から言われたものですが、今は誰も言わなくなりましたね。天の上の方のどこかからずっと神さまが見ているという感覚、見られている感覚というのが、たしかに昔はあったはずなんです。私の場合は断食を通してそれを得ました。いつも見られていると同時に「守られている」という感覚をね。この感覚は素晴らしいものがあります。心が安定するからです。同時に導きも感じます。

それともう一つ面白いことは、見られているばかりでなく、心に思ったことは即、向こう（天）に通じていることです。人はみな、自分の中に天につながった通信機みたいなものがあって、思うことはすべて発信され、同時に記録されるんです。

だからウソはつけません。自分がどれだけウソをついて、隠して、誤魔化してても、その場で自ら天に報告しています。だからすべて天は知っています。記録されています。天と自分は心で常時つながっているから、全部相手に分かってしまうのです。

それが「天の機構」といったらいいのか。システムといったらいいのか。摂理というのかな。そういうのが断食をしたことではっきりと分かりました。


阿蘇の外輪山の、雲と大草原に挟まって瞑想をしていると、ときどき天がクスクス笑っているのが聞こえてきます。

「金儲けをしたとか損をしたとか、売れたとか売れないとか。騒いでばかりで、目覚めのチャンスを失ってばかり……バカモンが。時が過ぎ去っていくのにおまえはこんなに素晴らしい時代、こんなに素晴らしい場所に生まれたのにもかかわらず、本当に小さなことで、文句ばっかり言って人生の時間を無駄にしてアホだねぇ」と、天がクスクス笑うんです。

「大事なことを見失ってるやん。それなのに、毎回うまくいかなかったとか、売上が減ったとか。もっと大事なことがあるやろう。おまえの宿題と使命を全うしなさい」。そうやって笑うのです。

そう……いつも心に留め置かなければならないのは、この日本に産まれてきたときに生じた今世の宿題と使命です。人は三十代でそれを見つけて、四十代から実行しなくてはいけません。そういうことも断食で教えられました。

清水

森信三の名著『修身教授録』に「四十にして仕う」という『礼記』の言葉が紹介されています。40歳まではは修行の時代で、それまでの人生に準備したところのものを生かして40歳から国家社会に貢献しなさいよという意味だそうです。北川先生が40日間を超える長断食を行ったのも40歳を過ぎてからですが、そもそもどうして断食を始めるようになったのですか。

物理的世界の住人／導き／何も得られなかった1回目の断食

北川

断食を始める前の私は、物理的思考の世界でチャラチャラ生きていました。しかも物理学を学んでいるから、清水さんと同じように不可思議なことは信じないタイプでした。

前世があるなんていうことはもちろん否定していました。今の現実世界をどうカッコ良く、自分を目立たせて生きるかということだけを考えて生活していました。

ですから、結局、すべてが中途半端でした。サラリーマンをやっても、何をやっても。すべて中途半端、逃げてばかりの人生で、生きることに何の意味があるのだろうと思っていました。

三十代の初めに、社会の矛盾に耐えきれず、勤めていた会社を辞めました。そのときは分からなかったのですが、今になって思うのは、それが天の導き（シンクロ）だったのだということです。つまり、特定の職業を持たず、もっと大事なことを探しなさいという……。それからインドを放浪したりして過ごし、三十代後半ぐらいから7日断食や11日断食をするようになりました。その頃から「準備をしなさい」という向こうの世界からの内なる指示があったのです。

そして41歳（１９８６年）と43歳（１９８８年）のときに阿蘇の外輪山中で40日間完全断食を経験しました。正確には１回目は45日間、２回目は46日間です。ちなみに40日間を超える長断食の年は、前後の準備を入れると１５０日間も断食状態が続くことになります。

ところが、１回目の断食では何も得られませんでした。神がかり的なことが降りてくるんじゃないか、奇跡が起きるんじゃないかと、心が濁っていたのです。欲やごほうびを求める断食には当然何もありません。

1回目の断食は記録をとっていました。何月何日に何が起きたのか、体にどんな変化があったのか。文章の記録だけではなく、写真も撮りました。いつ、不思議なことが起きてもいいように……。

結局、心がごほうびを求めて濁っていたのです。不可思議なことが起こることを期待していたのです。長断食したら何かごほうびがもらえると錯覚していました。ところが、当然何も起こらなかった。

ただ、ガリガリに痩せた身体が残っただけでした。

45日間断食したけれど、奇跡どころか、神から与えられたのは人びとの偏見と誤解とド貧乏だけでした。やすらぎなんて一つもありません。45日間の断食をやり終えた……、それだけでした。お腹が空いただけでした。「あぁ、辛かったな」そんなふうに思っていたところ、天から「バカモン！　もう一度やり直してこい」と言われました。

清水

内村鑑三の『代表的日本人』は、5人の歴史上の人物の生き方を通して描いた日本人論として知られていますが、その最初に出てくる西郷隆盛もまた、内村鑑三は「天の声を聞いたんじゃないか」と書いていています。こういうことってありますよね。北川先生の場合は、45日間空腹に耐え、しかも何も得られなかったというめちゃめちゃ辛いタイミングなのに、また長断食をしようと決意する。それほど天の声は、北川先生にとって大きな導きとなったのでしょう。

北川

求めなかった2回目の断食／見えないものの力／経験の翻訳

1回目の断食を終えて、その後いろいろな本を読む中で、ブッダもキリストも40日断食をやっていたことを知りました。あんなにすごい聖者たちでも40日かかるのであれば、私みたいな平凡な人間はそれ以上やらなくちゃだめだと思いました。

それに、1回目はあまりに多くを求めすぎていました。天からやり直しを告げられたときに、その欲の濁りを向こうから指摘されたように思いました。とても恥ずかしかった。だから2回目は何も求めませんでした。ただ、向こう（聖なる世界）が準備した世界に入ろうと。2回目は一切の求めも、願いも、道具も持たずに山に入りました。持って行ったのは薄い布団とゴザとやかんと湯飲み茶碗ぐらいです。何も記録をしないで、ただ導かれるままに、ただ朝晩瞑想して心を空っぽにして、一切何も求めない。つまり、ただ一日中ボーっとするという生活を46日間ひたすら続けました。そうしたら35日を過ぎたあたりから何か周りが変わってきたんですね。

断食を始めて1カ月も過ぎると、体重は20キロぐらい落ちます。筋肉がなくなり、骨に皮がついているだけのような状態になる。人間は飢餓状態になると、自分のタンパク質を体外に排出せずに、再び回収して生命活動に使うらしいんですね。だから食べなくても大丈夫なようです。その代わり痩せ細って、おなかをさわると背骨が感じられるぐらいにまでなりました。

私が断食をしていたのは、道もなく、簡単には入り込めない奥深い場所ではありましたが、山菜採りだ、キノコ採りだといって、ときどき近所の人が迷い込んで来ました。1回目のときは私を見かけても、「変なのがいるな」ぐらいに通り過ぎていたんですが、2回目の断食が35日を過ぎたあたりから、通りすがりの人びとが私の前で立ち止まって手を合わせるようになりました。それが一人じゃなく何人もの人が同じように手を合わせていくようになったのです。不思議に思って尋ねると、「あなたがね、何か光ってるから思わず手を合わせたくなりました」と口々に言います。「光ってる」と言われたところで、手鏡なんて持ち合わせていないから確かめようがありません。ただ後になって、当時の写真を見せてもらったんですが、たしかに私の目がキリストのような目になっているんです。澄んでいるといったらいいのかな。不思議な目です。

その頃からみなさんが私のことを「先生」「先生」と呼ぶようになりました。小国《おぐに》町の人たちに対しては講話のようなものをしたことはないから、外からいきなり移住してきた私が何者であるのかもよく分からなかったはずなんですが、不思議ですね。

ちょうどそれぐらいの頃から、見えないものを感じ取るようになりました。松のエネルギーを感じるようになったのもこの頃です。精霊がそばにいるという、たしかな安心感がありました。

どうして、今まで気がつかなかった私の周りを取り巻くエネルギーの存在を感じられるようになったのか。それは今考えれば、自分のエネルギーが落ちたからなんですね。自分のエネルギーが落ちるところまで落ちたから、今まで気づかなかった周りの強いエネルギーに気がつくことができたのでしょう。

たとえば二つのライトがあるとします。一方は非常に強い光を放っている。もう一方は弱い光です。このとき、自身が強い光を発している間は自らの光のせいでもう一方の弱い光の存在に気がつきません。でも、自分の光がどんどんと弱まっていくと、もう一方の弱い光にも気がつくようになります。

自分のエネルギーが落ちていったから、周りが私より強いエネルギーとして感じ取れるようになったのでしょう。

こんなウソっぽい話はイヤでしょうが、その頃になると、瞑想中に鳥たちが頭上に飛んで来るようになりました。ヘビや虫もしょっちゅう私のところに近づいてきました。ヘビなんかは、チロチロとうれしそうに舌を出しながら寄ってくるんです。「分かった、分かった。きみとは友だちだから、さぁ、向こうへ行っててくれないか」。そう言うと、ヘビはそれを理解したのか、帰っていくんですね。名残惜しそうに何度も振り返りながら。相手が好意を持っているな、敵意を抱いているなといったことは、なんとなく分かるようになります。何日間も、一言も発せずに断食していると、そうやって言葉を持たないほかの生き物と『しゃべる』ことができるようになるんですね。信じなくていいのですが、事実です。

ヘビだけじゃない。そうだ。野良犬も5匹やってきました。私が死ぬのを待っていましたが、3日目にあきらめて去って行きました。動物だけではなく、植物とも『おしゃべり』ができるようになります。意思の疎通のようなものです。言葉の交換ではなく、意思エネルギーの疎通です。互いに意識あるエネルギーを感じ取るのです。誰でもそうなれますよ。長断食をしさえすればきっと……。

断食を始めて40日目ぐらいだったでしょうか。体力的に限界を迎えて、ついに動けなくなってしまいました。自分のいる場所から70メートルぐらいのところに水汲み場があったのですが、そこまで這っていくこともできない。時期は5月の終わり頃。草のエネルギーがとにかくすごくて、強い彼らのエネルギーの波を押し分けて水汲み場まで行くのは、辛く、うっとうしくて、到底無理だと思われました。もうダメかな。断食も終わりかな……。

そう覚悟したとき、右側から何かが、私に向けてウチワをあおぐように風を送ってくれているのが感じられました。気力も体力もなく、体を動かすことができないから目だけでその方を追うと、赤トンボがホバリングしていて、フッと目が合いました。するとその赤トンボがニコッと笑ったんです。今でもはっきりと覚えています。その瞬間、ものすごいエネルギーが私の体に一気に入ってきました。気がつけば、数はわからないけれどもそこら中でたくさんの赤トンボが空中でホバリングしていて、私を見つめて「がんばれ」とメッセージを送ってくれていました。「あぁ、精霊たちが見守ってくれているんやな」と感じ、力が湧いてきました。

こういう話をすると、すぐにウソやといわれるからこれまであまりお伝えすることを控えていたんですが、私はそれを実際に体験したし、そうした体験を通していろいろなことが、私の心の中と頭の中に「入ってしまった」状態になったのです。

でも、それを言葉にすることが、これまでなかなかできなかった。それは、言葉も思想もまったく違う向こうの世界のことだからです。言葉というのは共通の体験があって成り立つものです。「赤い」と言って伝わるのは、両者に赤いものを見たことがあるという共通の体験があるからですね。先天的に目の見えない方に赤色と黄色の違いを説明するのはとても難しいでしょう。

同じように、私が体験したことを言葉で表現するのは、とても難しい。断食から何年もたって、ようやく日本語に翻訳する言葉が見つかって伝えることができるようになり、そうしたら人が耳を傾けてくれるようになりました。

清水

とても不思議な体験ですね。私自身は悟った経験はありませんが、悟るというのはお湯が沸騰するのに似ているんじゃないかと想像しています。沸点に達した瞬間にパパパッパッと分かる。カードが１枚１枚めくられるのではなく、ドーンとパッケージで飛び込んでくるイメージです。

だから言葉に変換することが非常に難しい。私は学生時代に柔道に入れ込みましたが、一つの稽古をひたすら重ねると、あるとき「これだ！」と思う瞬間がやってくる。予告なく突然にポンとその域に達する。それは「次元上昇」という言葉に置き換えることができます。縦と横しかない二次元に住む人がいるとしたら、その人は三次元に住む私たちのことに気がつきません。二次元の人には「高さ」という概念がないからです。ところが三次元に住む私たちは彼らより、より物事の真理・道理が見えていることになる。彼らの世界のことは手に取るように分かります。

物理学の世界では、この次元というやつが、何十次元も存在していると考えられています。次元が高ければ、私たちより、もっと真理・道理が理解できていることになるわけです。

歴史に置き換えると分かりやすいでしょう。群雄割拠の戦国時代、不安定な争いの時代から300年の安寧を築いた徳川の時代、西欧諸国の文化・知識にふれて近代化への道を歩んだ明治時代。それぞれ自分たちより前の時代のことは分かるけれども、ほとんどの人は後の時代のことは想像すらできません。図にするとこのような感じ（次のページ参照）で、階段の上の人からは下が丸見えだけど、下からは上のことが分からないんです。

とはいえ、次元上昇した人が下の人に対して、上の世界のことを言語で伝えるのは難しい。なぜなら共通した言語を持たないからです。同じように北川先生も、今日のように自身の体験を語るための

言葉が見つかるまでは、いわれのないバッシングを浴びたことも
あったのではないでしょうか。

次元の高い世界からは
下の世界がまる見えだけど
下の世界からは
上の世界のことは
見えない

人間のプレゼント／天のプレゼント／修行にあらず

北川

清水さんのおっしゃるとおりです。私は40日間断食をしたことで、「人間のプレゼント」と「天のプレゼント」という二つのプレゼントをもらいました。

人間からのプレゼントというのは偏見と誤解と27年間もの長いド貧乏でした。瞑想、断食、転生といった言葉をちょっとでも使うと、「新興宗教や」とレッテルを貼られるんです。まぁ、それも当時としては仕方がなかった。あのときの私は四十代の始め頃で、ガリガリに痩せてヒゲを伸ばし、行者のようにギラギラした目をしていて、いかにもあやしい感じでしたから。

スピリチュアルが毛嫌いされるようになったのは、新興宗教の影響が大きいでしょう。中でも一番はオウム真理教の事件です。当時はスピリチュアルなことをちょっとでも発言しようものなら、町の人たちから白い目で見られました。よく警察の方がうちに来て、「北川さん、麻原隠してない？」なんて聞かれたものです。

働いていないし、瞑想ばかりで、とにかくお金もなく、ド貧乏でした。周りの人は「あいつは何も働いてないのに生きているから、よっぽどの大金持ちか、本当に貧乏なのかどっちかに違いない」とウワサしました。「何を食べているんだろう？」と村の人が覗きに来ることもありました。

つまり人間からのプレゼントというのは、偏見と誤解とド貧乏です。40日間を超える断食をやったからといって、世間的な地位や名誉や称賛は一切ありません。誰にも知らせず、こっそりと山の中で断食をしていたからです。それは天から、「断食する姿を世間にさらしてはならない」というメッセージをもらっていたからでした。何も求めず、知られず、見られず、こっそりとやれというわけです。

つまり「ごほうび」を求めることなかれ。純であれ。ひたすら透明感の中で導かれるままに生きよ……ということです。

その代わりに、天は、静かなやすらぎと平和観、そして揺るぎない信念をプレゼントしてくれました。どんなに周りからヘンに見られても、私は平気でした。なぜなら、天とつながっている感覚があったのです。

あるときお坊さんが私を訪ねてきてこう言いました。「あなたみたいな素人が完全断食をやってはいけない。これは専門家がやることだ」。「どうしてですか?」と私は尋ねました。するとそのお坊さんは言いました。

「私は21日間の断食を続けることができたが、ほかの一人は18日で中止し、さらに一人は二週間ほどで死んでしまった。それほど21日間以上の断食とは厳しいもので、伝統的な技法に則ってやらないとたいへんなことになります」と。

私は「21日間断食はツラかったですか？」と聞きました。そうしたら「とてもツラかった。あれは大変な修行だ」と言うんですね。「あなたたちは修行したんですね」、そう尋ねると「そうです、北川さん。これは修行なんです」と言う。「そうですか。私は修行したわけではないんですよ。天の導きに従っただけです。だからすごく楽でした。あなたたちは修行しようと思ったから何も得られなかったんじゃないでしょうか」。そう言うと、お坊さんは憮然として去っていきました。

結局、そのお坊さんにとっての断食は、私の1回目の断食と同じなんです。ごほうびを求めたら何もやってきません。何日間断食したら、何とかという資格がもらえるというのはおかしい。テレビカメラやたくさんの人の前で、何日間も走ったり、何日間も断食をして、何とかという称号が与えられる、生活が保障されるというのは、良い大学に入るために猛勉強するのと同じようなものかもしれません。

悟りを得るというのは修行中の姿を人に知られたらダメなようです。誰にも知られず、ずっと貧しく、ずっと無名で、しかもいろいろ誤解され、変なウワサを立てられても、それに耐えて長い年月、この道一筋で歩かねばなりません。そういう深い覚悟か、たしかな導きを感じなければ何も得られないのかもしれませんね。たしかな天の導きに出会い、導かれた私は幸せでした。

清水

以前、北川先生が「読書のすすめ」で行った講演会の中で、音が色になって見えたというお話をされていました。本当なんだろうなぁと思うんです。

私の知り合いに服部こうじ君という全盲のギタリストがいます。彼と会って話をしていると、「あれ？　もしかして見えてる？」と思うようなことがたびたび起こります。

服部君と一緒に静岡へ新幹線で行ったときのことです。静岡駅で降りてローカル線に乗り換えるわけですが、私が乗り換えホームを表示で確認し、彼をアテンドして歩き出したら、「清水さん、行く方向が違うと思いますよ」と言うんです。よくよく表示を確認すると、たしかに間違っているのは私の方で、別のホームへ行こうとしていました。「どうして分かるの？」と聞いたところ、反響音が記憶していた音と違っていたそうなんです。一度でも聞いた音を服部君は覚えているんですね。彼の場合は、視覚で見るのではなくて、音や匂いや肌にふれる感触で見ているのです。私たちみたいに目が見えると、音で見ようなんて思いもしないわけです。

それで思い出したのが幼少時代の記憶です。子どもの頃、私は台風が来る日は空気が緑がかっているように見えました。台風が来る直前に、空気に含まれるちょっとした変化を感じ取っていたのかもしれません。誰しも子どもの頃には、それに近い力があるのでしょう。けれども大人になった今は全然キャッチできない。おそらく、常識がそれをジャマするんです。常識を頭に入れることで感受性を捨て去ってしまっている。

スピリチュアルというのは感受性だと思うんです。私たちは常日頃から中途半端に満足しているから、感受性が鈍くなっている。おなかが空いたらものを食べるし、ノドが乾いたら水を飲む、眠くなったらウトウトしちゃう。そうやって中途半端に小さな満足感を得られちゃうから、感覚が研ぎ澄まされない。断食はこれの逆のベクトルなんでしょう。自らを渇望状態にもっていくわけですから。

こうしたことは、実際に体験をした北川先生の言葉が強い説得力を持ちます。断食中のエピソードについて、もう少し聞かせてください。

青い空は「ラ」の音／知性を内包するエネルギー／気づきの多い時代

北川

そうですね。おっしゃるとおり、断食によって自分のエネルギーがなくなってくると今まで感じ取れなかった、自分よりも強くなった周りのエネルギーに気づくことができました。

断食をしていたある日、新聞記者がやってきました。この人は、私が断食をしていることになぜか興味を持って、ときどき訪ねて来たのでした。そのときも、私が死んでないか確かめに来たなんて冗談を飛ばしながら様子を見に来ました。

瞑想をしていると、新聞記者は持ってきたラジオを聞き始めました。集中できないので「勘弁してよ」と私が言うと、「ちょっと、この番組だけだから」と言って、私にかまわず聞いていました。

すると不思議なことが起きました。流れてきた音楽が色になったんです。キラキラとした色として脳の中を巡るのを感じました。

別の日ですが、こんなこともありました。瞑想をしていたら、なんだか外が騒がしい。ドレミの「ミ」に近い音がワンワン響くんです。何だろうと思って目を開けても何もない。そこにはいつものとおり緑の植物しかありません。でも私はすぐさま、その緑が音になって聞こえてきたんだと分かりました。色というのは音なんだと、そのときパッと理解できたんですね。外に出て見上げると青い空が覆っていました。すると今度は青空から「ラ」の音が聞こえてきました。「あぁこの世は『ミ』と『ラ』の音に満ちている」、とそのときに気づきました。5月のミとラの世界に住んでいたのです。

さらに別のエピソードをご紹介しましょう。ある朝、アゲハチョウがやってきました。いつもは白いチョウチョウが来ていたのですが、アゲハチョウが来るのは珍しいことだったので、「あなたたちはどうやって来たの?」と私は聞きました。するとアゲハチョウは

「あなたの光の香りにひかれて来ました」といいました。「そうか、光も香るんや。私のオーラは香るんや。その匂いで谷の向こうから飛んできたんやね」。そのときに分かりました。音も色も匂いも、みんな同じなのです。波長が違うだけで、受け取る私たちがそれを音や色として認識しているのに過ぎないと教えられました。

オーラは訓練すれば見えるようになります。「見える」というのは正確ではありませんね。「感じる」といったらいいのか、「香る」というのか、その間といったらいいのか。目の奥の鼻に近いところでオーラが出てくるのが分かるんです。

オーラは純粋エネルギーです。この微細なエネルギーを受け取れる状態になると、たとえば台風や地震も発生する前に、そう、清水さんが幼いときに感じ取っていたように、分かります。私の場合、大きな台風は3日ぐらい前に分かりました。風を感じるのではなく、エネルギーを感じるのです。台風は、身体じゅうが圧迫を受け、筋肉がエネルギーを得て、走り回りたくなるようなイメージですね。

地震は下からボンボンボンと突き上げてくる。とても気力が増して元気になってくる。するとその何時間後にグラグラっとくる。

ただし、いつでも感じ取れるわけではありません。私自身が「純粋意識」の中にあるときだけですね。そうしたエネルギーを感じるのは。

ここから大事なお話をしましょう。それは、向こうの世界からもらった情報（メッセージ）です。

宇宙にはエネルギーが満ちていますが、そのエネルギーは知性を内包しています。だから秩序と調和が保たれています。ロケットが木星の果てまで飛んでいけるのも、宇宙全体に満ちている意識エネルギーの秩序と調和のおかげです。

秩序と調和は何十億年も前に完成しているから、仮に1億年前にすごい天才が現れてロケットを開発したとしたら木星まで飛んでいけるんですね。鉄も、銅も、アルミニウムも、今も昔も、既に世の中にはすべて用意され、秩序と調和が保たれているからです。

ただ1億年前の生物はそれを利用する方法が分からなかったからロケットができなかった。今はそれを利用する術を知っているからロケットを飛ばせるようになった。たったそれだけの違いなんです。

現在は、先祖から脈々と受け継がれてきた知識の積み重ねにより、昔に比べたらいろいろなことが分かるようになってきました。清水さんがいわれるように、三次元から見ることはできないから、弘法大師の時代には自分が立っている地球を見ることは到底できなかったでしょう。今や私たちは地球の外から人工衛星の映像を通して地球を見ることができます。

人間は歴史の積み重ねによって経験値を上げ、理解できることの数も数段増えました。昔の人とは見る世界が変わってきています。だから昔の人よりも少し進化した「気づきの多い時代」に生きているといってよいでしょう。キリストの時代に、地球を月の側から見るという発想はおそらくなかったでしょうからね。スピリチュアルに生きなさいというメッセージではないでしょうか。

清水

先ほど北川先生は宇宙にはエネルギーがあり、そのエネルギーには知性があるとおっしゃいました。近年は、宇宙生命説と呼ばれる概念が注目されています。宇宙そのものが生きものだという考え方ですね。考えてみたら、人間もそのほかの動植物も、何の仕組みで動いているのか、生態系の設計図をどんな意志を持って誰が作ったのかなんて、分からないわけです。『生くる』などの著書がある思索家の執行草舟さんと対談をさせていただいたことがありますが、宇宙には精神的量子（Quantum Spirituel）が遍満しているとおっしゃっていました。著書の中では「我々の生命エネルギーは、宇宙創成のエネルギーの分流」とも書いています。北川先生がおっしゃるように生命エネルギーが知性を内包するということは、そこには意志があるということでしょうか？

北川

時間をつくりしもの／植物の知性／ウソつきな脳

そうです。その通りです。すべてに意志、つまり知性と意味があるということです。

われわれ人間は「時間をつくりしもの」により、時間軸の中に投げ込まれてしまいました。われわれはそれ以降、「時間をつくりしもの」に支配されています。

時間というのは不可逆的であり、絶対に戻すことができません。私たちが時間を元に戻せないのは、秩序を壊してしまうからです。向こうがそれを嫌うんですね。

人間によって世界のバランスが少々崩れることがあっても、向こうの方がはるかに大きな力ですから、天はすぐに修正してきます。

人間がやり過ぎれば、大洪水や日照りといった、私たちにはどうしようもない天災でバランスを取ろうとします。天の力の前では人間がつくったものなど、あっという間に壊れてしまいます。

それは、秩序と調和を保とうとする不思議な知性があるからなんです。

そして、その知性をより多く、より素直に受け取っているのが植物たちです。動物ではありません。

動物はみんな臭いでしょう。動くものはみんな臭い。人間が出すおならは臭いですね。どんなに小さな虫も、ハエや蚊だって臭い。あらゆる動くものは臭いんです。

ところが植物には臭いと感じるものがほとんどありません。なぜでしょうか。

動物には強い欲があります。生きてやろう。子孫を残してやろうという欲です。植物にも欲はあります。けれども植物の欲は、長い年月をかけて静かに、あくまで宇宙の秩序を保った中で子孫繁栄を願っているのです。植物であっても自分だけが大きくなろうとすれば、罰を与えられ枯れてしまいます。秩序を破るような木が数多くあれば、その山で山崩れが起きます。人間が強引に植えた人工林で山崩れが多いのは、人間の欲でつくった森林、人間が利用しようとして植えた植物が秩序を乱すからです。

植物には知性があります。

花がいっせいに咲くのはなぜだか分かりますか？　同じ時期に花粉を飛ばし合うためです。互いに時期をずらすことで、ほかの植物の花粉と混ざらないようにするのです。

植物は春から順を追って育ち、いろいろな植物のタネが順に花を咲かせます。春初めの頃に出てくるのはヒョロヒョロとした植物です。それが実を付けて枯れた後に別の、もっとしっかりとした植物が生えてきます。枯れて肥料としてエネルギーを交換しながら次の種類の植物に変わる。そうやって秩序を保っています。すごい知性ですね。

野の花のデザインもすごいですよね。

彼らはみんな、自分でデザインをしています。そして、「ぼくきれいやろ?」「わたしはどう?」と話しかけてくるんですよね。「おまえすごいやん。白に黄色の縞模様が入ってるやん。すごいね。どうやってデザインしたの?」と、私は驚かされてばかりです。

それもすべて大気中のエネルギーに知性があるからです。同じ種類の花でも、それぞれの知性を受け、自分の意思でもって自分自身をデザインしているんです。断食をして、そのことを強く感じるようになりました。

夜明け前の宴を、清水さんは聞いたことがあるでしょうか。

太陽が出るちょっと前、夜が明ける15分ぐらい前になると、山じゅうが騒ぎ始めます。虫や鳥がいっせいに鳴き出し、そしてそれは、日が出る頃にパタッと止んで静かになります。

つまり、夜明け前というのは一番エネルギーが放出されているんですね。このときに太陽に向かって瞑想をしてごらんなさい。すごいエネルギーが体に流れ込んでくるはずです。虫や鳥たちは、それを知っています。だから彼らは歓喜の声を上げる。植物も当然分かっています。それが「夜明け前の宴時間」です。

宇宙は意識のあるエネルギー体であり、「知性」と「力」の宝庫です。植物はエネルギーとともに「知性」を受け取り、その知性から自分たちの姿をデザインし、自分たちの生き様を選んでいます。

植物には人間や動物のように脳がありません。植物は、脳を介さずに知性を直接受け取っています。そうして脳のない植物たちはエネルギーの中にある知性を利用しています。そしていろんな花が識別できるように、エネルギーの中にある知性を利用して一つひとつ花は違うデザインを描きます。

ほかにも例を挙げてみましょう。

たとえば柿の木にはずっと柿の実しか作りません。飽きたので途中から桃を作る……ということは絶対にありません。あたりまえやん、と思うかもしれないけれど、葉、枝、幹、実、それぞれは違うエネルギーと細胞でできています。そしてあの細い枝の中から、あそこまでジューシーで大きな柿の実が短時間で育つのです。すごいと思いませんか？

もし人間がこれと同じことを人工でやろうとしたらものすごく大きな工場というエネルギー場が必要となるはずです。

しかし柿は、宇宙から知性を受け取って、あの1本の木の中で柿の実をたくさん作ります。それは、知性そのものを、脳を介さずダイレクトに受け取っているからできることなのでしょう。柿は宇宙のエネルギーから知性を受け取って、静かに、穏やかに、実を作ってしまいます。すばらしい素直さだと思いませんか。

しかもこの実というやつは非常によくできています。中のタネがしっかりと育ち、もう地面に落ちても大丈夫となったところで、動物たちに「食べていいよ」というサインを出します。

動物たちが喜ぶような甘い香りを漂わせ、甘くジューシーな味に変化します。そうして動物たちに食べられた果実は、動物の体の中で消化されてしまいますが、タネだけは消化できないようにできていて、フンと一緒に体外へ排出され、元いた場所とは違う環境で芽を出し、根を張りますよね。そうやって仲間を増やしていきます。すごい知恵だと思いませんか。知性を感じませんか。

人間はどうでしょうか。

人間は脳で thinking します。天から受容したものを、いったん脳に入れて thinking します。そうして自分にとって都合のよいものだけを取り入れてきました。だから、脳はウソをつきます。脳は自分勝手で、ウソをつき、言い訳をし、計算してあなたを動かそうとします。

なぜか？

欲があるからです。脳には自己中心に生きるという欲があるからそれに沿ったウソをつきます。

植物は1000年単位で生きています。大きな木だけではありません。一年草のような小さな植物も、個体単位ではなく、種として一つの生を生きます。

それに対して人間は50年で生きています。現代の平均寿命にすれば80年でしょうが、子どもの時期と老齢期を抜かして仮に50年としましょう。

人間は一人の一生の50年間で「何かを果たしてやろう」とする欲があります。頭が良いといわれる人たちは特に脳の欲にだまされやすい。有名になりたい、ノーベル賞をとりたい、お金をたくさん稼ぎたい、歴史に名を残したい。そういった「自分が一番であり続けたい」という金の椅子を求める欲が入り込みます。欲が入るから脳は内なる声に耳を傾けることなくウソをつきます。

脳に従えば、脳は快楽に従って命令を出しますから、体はついていけません。心は置いてけぼりをくう。脳に従うから、心が病気になるんです。つまりストレスだらけになります。

脳に従うことなく、体がやすらぐ方向に反応することをやればいいのです。

つまり、腸が喜ぶことをまず見つけるのです。

清水

易経には「天欲」という言葉があるそうです。森羅万象に秩序をもたらす天の意志ですね。地球の自転も公転も、理路整然としている。完璧ですよね。それをとらえようとする易経は、まさに東洋の物理学というべきものです。

天欲に対して人間一人ひとりの欲望を「人欲」といいます。北川先生のいうthinkingを介在した欲望ですね。人欲が出てくるからおかしなことになる。仮想通貨がすごいと聞けば、仮想通貨を買いに走る。東大がすごいと聞けば、高額な授業料を払って子どもを学習塾に通わせる。全然、天欲に沿ってない。そろそろみんな、人欲の世界から離れなくちゃいけません。そうじゃなくて天欲に合わせる生き方をめざす。それがスピリチュアルに生きることだと思うんです。

北川

天はすべてを準備している／掟／ライオンは恐怖を食べる

そう、すべては準備されています。何度も言いますが、宇宙ができあがったときに、天はすべてを準備しています。ただし、「善も悪も受け取るのはあなた次第だ」ということを私たちは忘れてはいけません。幸せも不幸も、喜びも怒りも、人を愛する力も人を憎む力も、人を慈しむ力も人を傷つける力も。あらゆるものは準備されていますが、どれを選ぶかは自分次第です。

それは、自分の人生を正しい方向に再度訂正して生きるチャンスと表現できるでしょう。天は人生を挽回するチャンスを与えてくれています。どれをとってもいい。どれを受け取るのも自分次第です。気づきのレベルを上げると人生の方向が導かれ始め、変わるのです。

ただし、天は罰も用意しています。秩序と調和が乱されることを嫌います。野望を持って大きくはみ出すと、それに対して人間の言葉でいう罰をもたらします。

たとえば飛行機という技術を使って爆弾で相手を攻撃してもいい。

ただ鳥のように空を楽しんでもいい。

一方は悲しみと親しい者を失う不幸せを用意し、一方は飛ぶ楽しさ、心地よさ、平和観を味わうように用意されています。不思議です。


何度でも言いたいです。

天はすべてを準備しています。

憎しみ、暴力、怒りを選ぶ人は、人に与えたそのまま同じ量の苦しみや悲しみ、不安が待っています。すぐに怒る人は人から嫌われ、対人関係を失い、仕事を失い、体を壊します。

愛、善意、好意を選ぶ人はたくさんの人から愛情を与えられ、助けが入り、やすらぎがもたらされます。いつも穏やかで、にこやかで、人のために生きる人には、聖なる平和観と人びとの応援を受けられます。

そこには厳しい掟があるようです。これは人類の歴史が始まって以来ずっと続いています。天は、特に怒りを嫌っている感じがします。怒りに対してはすごい罰則を与えます。怒りと自己顕示欲と所有欲の強い人には罠を仕掛けるんです。

一つ面白いことをお教えしましょう。

イライラや怒りの感情が強いときには、人間は脂っこい動物性、酸性の食べものが欲しくなります。イライラや怒りの感情がないときには、体にやさしいアルカリ性、植物性のものを求めます。

男女でいいますと、男の人は肉体的に「達成感」を求めるようにできています。男の達成感は支配欲にすぐにつながります。つまり男性は相手（女性・子ども）や部下を支配したがります。女性の持つ生命力よりも、相手を乗り越えようとする闘争心が与えられているから、戦おうという根源的な欲求があるんですね。対立と殺し合いの中で生きる、そういう男の人は短命です。

命を育てることを運命づけられた女の人は、達成感よりも幸福感を求めます。闘争心よりも生命力を与えられ、愛情や慈しむという能力があるから、男性よりも怒ることが少ないんですね。だから長生きします。

さて、食べものの話に戻すと、男の人は達成感を求めるから刺激の強いものが好きです。その上、タバコを吸い、お酒を飲みます。それに対して女の人は野菜が大好き、サラダが大好きですね。東京で流行っているベジタブルレストランに男の人の姿はほとんど見かけません。

どちらが良い、どちらが悪いという話ではありません。すべては決められた準備がなされていて、それぞれに法則があり、そこには罰則があり、その苦しみ、悲しみからメッセージを受け取りながら望む本来の方向へ脱出しなさいと、天は黙って教えているのでしょう。

ところで、ライオンが獲物を襲うときはどんな顔をしているでしょうか。シマウマというごちそうを目の前に、喜び勇んで、ニコニコしているでしょうか。

違いますね。獰猛《どうもう》ですね。では、なぜあんな顔つきになるのでしょうか。

それは、襲うことが怖いからです。

百獣の王もきっと怖いのです。ライオンは獲物を襲うときに、相手の死の恐怖を受け取ります。だからあんなに獰猛な顔をしていないと受け取った死の恐怖を乗り越えられないのでしょう。彼らは知っているのです。死の恐怖を食べているのだということを。ライオンは本当におなかが空いたときにしか獲物を襲いません。きっと何度も襲うのが嫌なんです。ライオンにとって食べることは、その都度恐怖を乗り越えることだから。それには、すごい気力がいるんじゃないかと私は勝手に想像します。だからやたらに殺さないのです。

みなさんも魚釣りをした経験があると思います。釣った魚の口やエラから針を外して水の中に放すと、そこに泳ぐ仲間たちはすぐさまいっせいに逃げますね。ところが、網ですくった傷のない魚の場合はどうなるか知っていますか？　網ですくった魚を水の中に放しても周りの仲間の魚たちは逃げません。

釣った魚と、網ですくった魚の差は何でしょうか。

血が出るか、出ないかです。魚を釣ると少量ですが血が出ます。声帯を持たない魚にとって血というのは恐怖の叫び声と同じです。命の悲鳴です。瞬時に恐怖に化学変化した血の臭いを感じ取って魚はワッと逃げ出します。

ある大学の医学部に通う看護学生から聞いた話をご紹介しましょう。彼女たちが友だちと一緒に自転車に乗って大学へ向かっていると、道の途中で何とも胸がむかつく、嘔吐したくなるような臭いがしてきたそうです。「何だろうね？」と話しながら大学に着いてみると、なんと校舎のすぐそばで医学生が飛び降り自殺をして、そこらじゅうに血が散乱していました。血の飛び散った地面からものすごい臭気が漂っていたそうです。

私はその看護学生に聞いたんです。「あなたは実習で手術室に入ることがあったでしょう。そのときにその臭いはするの?」。すると彼女は首を横に振り、「手術のときの血にはそんな悪臭はしません」と言いました。

つまり、恐怖に満ちた死に方をしたときに、血の中の何かの成分が一瞬で変わってしまうんですね。生物は恐怖を受け取ると、一瞬にして血が化学的に変成するんです。だから横死した人の血はなんともツラい臭いになるのでしょう。

同じように死を感じた魚はいっせいに逃げ出します。ライオンは恐怖の血の臭いを食べているからものすごい顔をします。動物はみんな恐怖の血が嫌なんです。

そして恐怖は摂取したと同時に、取り込んだ側の肉体に移り住みます。だから私は、恐怖を受け取った肉を食べることをやめました。

清水

思い返せばたくさん恐怖を食べてきたなぁ……。だけど、ほとんどの人は肉を食べるときにその生物が感じたであろう恐怖のことまでは想像しないですよね。それは、現代において屠畜のプロセスが見えにくくなっているからかもしれませんね。食べものについて、もう少し聞かせてください。

快楽と病／ラーメンと焼肉／寿命と腸

北川

はい、それではもう少しお話しましょう。

私は器を焼いていますが、陶器にも秩序と調和があります。秩序を乱すのは私が欲張ったときです。これもいい、あれもやってみたいと一つの窯に欲（器たち）を詰め込みすぎると、はみ出した器は直火に当たって割れます。割れた器を見て、私は自分の強欲を反省します。

秩序を乱すのは脳の中にある欲です。欲の強い脳にだまされてばかりいると、人は病気になります。なぜでしょうか？

秩序から外れると、人間は快楽の世界に向かっていきます。

快まではいいんです。心地よさというのは体にとって悪いものではありません。けれどもそれが「快楽」を求めるようになった途端に変わってしまいます。

まず、食べものが変わります。

たとえば新聞記者や広告代理店で働く人たちは、何が一番好きかご存じですか？　それは、ラーメンと焼肉です。

新聞記者や広告マンというのは左脳で考える人たちです。その世界では日頃から脳にだまされています。もっと数字を出さなくちゃいけない。結果を残さなくちゃいけない。売れるものを作らなくちゃいけない。それを求め始めると、快楽につながるものを食べたり、飲んだりしたくなるんですね。その結果、病気になる。がんになる。

これは、清水さんのいうところの「人欲」に従った人生に対する天の法則であり、天の罰です。

競う者、争う者、戦う者、人を傷つける者に天が与える罰は、重い病と短命です。その短命がどこから来るかというと、腸からです。恐怖を食べ続けていると腸がぐちゃぐちゃぐちゃになります。腸がぐちゃぐちゃになれば動物は長生きできません。

長命のものは多くの場合、腸がきれいです。動物の中で腸が丈夫で腸詰めができるのは何だと思いますか？　そうです。羊、豚など草食動物です。戦わない動物たちです。

ライオンやヒョウ、ハイエナ、また魚の腸は、肉食ですからぐちゃぐちゃです。

魚の中で腸が食べられるのは何か分かりますか？　アユだけです。アユの腸は「うるか」という塩辛にすることができます。アユは戦いますか？　戦いませんね。コケを食べます。コケが好きだから腸がきれいなのではなく、戦わないと決めたから腸がきれいなんです。

人間の場合はどうでしょうか。男の人は戦うから腸がぐちゃぐちゃですね。戦わない女の人は腸がきれいです。戦わない女の人はたいてい野菜を好みます。

長生きをしたければどうしたらよいか。これで分かったでしょう。

そう、天欲、つまり天の意志に沿ったものを食べればいいわけです。

果物や野菜を中心に食べるとよいのです。

でも、いったん脳が「霜降り肉は旨い」と覚えたら、なかなか脳はその記憶を手放しません。タバコをやめる以上の苦しみに悩みます。


前にも言いましたが、天は怒りという感情を嫌っています。ですから、怒る人に対してはいろいろな罠を仕掛けます。怒る人はがんになりやすく、怒る人は顔がこわばり、怒る人は組織を壊し、怒る人の周りからは人間が離れていきます。

怒る人はそれを和らげるために快楽に弱く、快楽に弱い人はスキャンダルが世間の明るみに出て失脚します。

天は面白い仕組みを作っていて、殺した人間は殺される恐怖を次の世で味わうように準備しています。

人びとに喜びを与えたら、次の世では人から喜びの果実を与えられるように準備しています。

天にはいろいろな仕組みがあるようです。知れば知るほど奥が深く、おもしろいです。

まだまだ尽きないほど天の罠をお話しすることができますが……、

そればかりだと生きるのが窮屈になって、「あれもダメ」「これもダメ」とうるさくなるばかりなのでやめます。

清水

科学教から離れて、天の仕組みとか、天欲とかを考えると、魂というのも「ある」と考えた方が自然なんじゃないかなぁと感じます。西洋の物理学者が魂を説明するのに車を持ち出すんですが、概念としてとっても分かりやすい。車はボディやエンジン、タイヤなど、いろいろなパーツを組み合わせてできています。でも、単純にパーツを組み上げただけでは動きません。そこに人間という第三者が入ってはじめて車は動きます。私たち人間も毎日ごはんを食べてボディを作るわけですが、どんなに臓器を組み合わせてもそれだけでは動きません。そこに魂が入ってこないと機能しないのです。魂という第三者がなければ。

人生はトランジット／残るのは与えたものだけ／片手を空ける

北川

そうです、私もそう思います。私は断食を通じてその転生を知りました。われわれは魂の進化過程の中にいて、今、ちょっとの間だけこの地球にいます。つまり、魂という意識あるエネルギー体は宇宙と同じ寿命で、宇宙エネルギーの中に溶け込んでいます。ですから何十億年と魂エネルギーは存在し、続くようです。

この生は、その途中の一つのトランジット（一時寄港）にすぎません。大切なのは、この日本という恵まれたワールドにトランジットした間に何を学ぶかです。時間は不可逆的ですから、私たちがこの時代を生きることはもう二度とありません。今その時代で学べることは、すべて学び尽くしなさいと、天は教えているように感じます。

ところで、トランジットを終えて旅立つときに、私たちがこの世から持って行けるものは何だと思いますか？

それは私たちが生きている間に得たものの中で、形のあるものは何ひとつ持っては行けないということです。お金はもちろん、地位も、名誉も持って行けません。

持って行けるのは「人びとに与えたもの」のみです。「人に与えた喜びと、人に与えた悲しみ」だけなんです。

私たちが生きている間に為したことが他の人にどんな影響を及ぼし、私たちが人を助けたことは、人にどんな喜びをもたらすのか。それを学ぶことが、この生での大きな目的の一つなのです。為し遂げたものではありません。地位や名誉などの形あるものではないのです。

人に多くの喜びを与えた人は、次の転生が来たときに、その成果を広めたり、たくさんの前世からの応援の人びとが後押しをして、さらに善きことを為しうると天はいいます。今世は、次の世の学びのための宿題を果たす場なのです。天は人間に、肉体を通して体験というたくさんの積み重ねを与えてくれています。それをどう受け取るかは私たち次第です。何を学び、何を理解し、次の転生でどう使うか。みんなそれぞれに次に向かっての宿題を抱えながら生きるのです。（たいへんやねぇ……）

思い出してみてください。私たちは人を喜ばせたことと、人を傷つけ、悲しませたことのどちらを多く記憶しているでしょうか。いかがですか。人を傷つけたことの方をよく思い出しませんか。人に与えた喜びはすぐに忘れます。一方で、人に与えた悲しみというのは何かの拍子にチクン、チクンと心を刺して思い出します。どうやらそうなるようにできているようです。そこに、人が成長するためのチャンスを仕掛けているみたいです。それが宇宙エネルギーの知性です。きちんと罰則とチャンスを与えてくれているのです。すごいですね。

知性のある宇宙エネルギーは、私たちの「期待に反応」します。私たちの期待とは何でしょうか？　期待とは、未来に対する心の動きです。ですから「未来を不安に思う」というのも期待の一つです。

特に日本人はマイナスの期待が多い傾向にあります。「心配性」という、マイナスの期待を身につけた民族なんです。だからいつも不安な言葉を口にします。別な言い方をすれば「不安なことが大好き」ともいえる民族なのです。

いくらお金を持っても不安から解き放たれることはありません。

先日も、千葉県で医師をされている方がこう言っていました。「私はもう十分に食べるだけのお金を稼ぎました。何億と持っているから大丈夫。……それでも私は不安で仕方がない。いつか減るんじゃないか。いつかなくなってしまうんじゃないか」と。

この方は80歳を超えていますが、その歳になっても不安で、まだ稼がなくちゃいけないと強く思っています。不安はお金だけではありません。仕事で失敗してお客さんがいなくなるんじゃないか……。

いつも不安。いつもマイナスの期待に恐れおののき生きています。

これは脳の仕業です。

脳が未だ来ぬ未来に対して、不安の期待でthinkingするから両手いっぱいにあまるほどたくさんお金を持っても不安になるんですね。

最も不安なく生きるためには、片手で持てるぐらいで、片手は空けているぐらいがちょうどよいのです。両手をふさいでしまうと、何かが起きたときに一つの救いを掴むためにすべてを手放さなければ、用意された大きな幸運はつかめません。だけど片手なら、残った手で安全をチョイスすることができます。

片手で持てるだけのお金があればいいんです。人間は、片手で持てるぐらいの荷物がちょうどいいのです。ですから、天はこう教えます。「自由になっているほうの手で人を救いなさい。人を救うために片手は空けておきなさい。両手をふさいではいけない」と。

清水

その方のような「尽きることのない不安」は、お金がある、ないに関わらず、多くの人が持っているように見受けられます。片手を空けて失敗したときに、後悔するのは自分自身。そういう考えを持ってしまうのは、心の貧しさでしょうかね。

much の世界／many の世界／much は many に、many は much に

北川

いいえ、心が貧しいのではありません。日本人の伝統的なマイナス思考に染まっているだけなのです。

けれども大丈夫。チャンスや幸運は次々に流れてきます。心を静かにして内なる声に従っていると、大きな救いのチャンスが流れてきます。努力のあと、待ってみてください。成果は少しあとにやってきます。待つことを覚えてください。

森羅万象すべては much か many に分けることができます。

たとえばここに水と氷があるとしましょう。水は数えられないから much ですね。水から氷になれば1個2個と数えられるから many です。このように、many というのは much から生まれているこ

とが分かります。

私たちは死んだら何になるでしょうか？　肉体がなくなり、灰になりますね。そしてやがて土になります。分解されて、数えられないエネルギーに分けられます。

そのエネルギーはタネに宿って芽を出します。芽は天に向かって伸び、根は地中に広がります。それはやがて上に向かって木になります。そうなったとき、木はmanyですね。そしてその木は、朽ち果てるとまたmuchに戻ります。

人間もそうです。いつまでもこの肉体のままmanyの世界にはいられません。死ねば形が崩れてmuchというエネルギーに戻ります。数えられないmuch、それが魂です。そして機が熟すと生まれ変わってmanyになる。それはまた死してmuchに戻る。

魂の世界というのはmuchの世界です。このmuchは、エネルギーを受けて、生を持つmanyになります。またmanyはとけて、一つのmuchになる。まとめれば一つ。すべてはmuchという意識を持つエネルギーが宇宙を支配しています。

繰り返しになりますが、宇宙には秩序と調和があって、それを乱さないように、不思議な意識あるエネルギーの知性が働いています。地球から発射されたロケットが宇宙空間を飛ぶことができるのは、すべての宇宙を形成する分子が、宇宙の隅々まで秩序と調和を保つという知性に満ちているからです。

宇宙は秩序と調和を保とうとしている、バランスを保とうとしているとお伝えしましたね。

だから秩序を乱すもの、飛び出たもの、荒くれたものはやがて滅びます。それが人間にとってのオーバーした欲なのです。

muchとmanyをもう少し身近なレベルに引き戻してみましょう。

たとえばいい本を書いて人の心を動かす、つまり人に素敵なmuch（幸せ感）を与えると何になりますか？　そう、manyになる。

数えられるお金になって返ってきます。いいmuchを与えれば、たくさんのmanyになって返ってくるものです。人にいいものを与えれば、人生の後半は豊かで揺るぎません。

みなさんも一度muchの世界で動けば分かるでしょう。心の使い方が分かってきます。

それが富裕意識と呼ばれるものです。富裕意識は、自然の湧き水のように尽きることがありません。だからいったんその世界に入ってしまえば、私たちは惜しみなく人に知恵と喜びを与えることができます。

ケチな人は、人に与えても返ってこないと考えるから、喜びを与えようとはしません。自分だけが楽しみたい。湧き水のようにお金と運が入ってくることを知らない。だから使えば減ると思っているのです。manyの世界に住んでいます。

逆に、富裕意識を持っている人たちは、善きものを与えれば尽きることなく湧き水のように入ってくることを知っているから人に施すことができます。尽きることのない泉に手を浸す瞬間があるのです。そうしたら、ケチにならずにすみます。

人口が増えるということは much から many になることです。数はいくらでも増えていきます。水滴もまとめれば一つ。細かく散らせば、千にも万にも億にもなります。つまり霧状になります。それが理《ことわり》です。エネルギー体が乱されない。秩序と調和を保とうとする。行き過ぎたら滅びる。それがオーバーした欲です。

私の話は much です。much の世界を解いているつもりです。見返りを求めるのは many の世界ですね。many の世界は良かったり悪かったり、増えたり減ったりする。

少しずつ上がっていくのは much の世界。つまり善意の世界。much の心を持つと富裕意識に入る。それは目には見えません。でも有ります。

言霊というのは many の世界だと私は思っています。言霊の前に心（much）がある。

世の中にあふれるハウツーものはmanyの世界です。頭の脳どまりです。心に響かないので悟りまでいかない。継続できず、すぐに元の欲に戻ってしまうのです。それでは人生は変えられませんね。でも、それが分かると、自分が失敗したり、裏切られたりしても動じなくなります。なぜならやり直せるからです。かえってそこで純粋性を学べるものです。

なぜ長続きしないのか分かるでしょう。

何てことない。今世だけじゃないからです。心の働きはおもしろいものがあって、願えばやってきます。キリストがいうように「求めよさらば与えられん」なのです。

天は求めているものを与えてくれます。心配していたら、心配していたものをくれます。愚痴や、文句や、言い訳をするなというのは、その心配の世界に住んでしまうことになるからです。気づかず居心地良いのです。眉間の縦ジワは治りません。

天は、みなさんの心が求めるすべてを準備しています。

最終的に私がもらったメッセージは「動機の純粋性」を離すことなく、一生それを貫けということでした。

そしてもう一つ、今生、「罪なき生き方を選びなさい」。そのために「やましくない生き方」を探りなさいというのを守っていければ、幸いなりと思います。

清水

先ほど、植物は1000年単位で生きているのに対して人間は50年単位、つまり個人の「生」を生きるというお話がありました。人間は一生の中で目立ってやろうとか、お金を得ようと躍起になる。だから、焦ったり、もがいたり、ときには人を出し抜いたり、人の足を引っ張ったりします。

北川

一番が一番のクズ／一番の強みで負ける／ドンベの理論

若いときは誰しも、血が騒ぎ、心が波立ちます。それを求めて、私たちはこの社会の中で目立ったり、お金を得ようとします。少しうまくいくと、みんなが集まってきてチヤホヤしてくれますね。そうなると人間はおかしくなります。

とある会社の経営者が「一番以外は全部クズ」という意味のことをおっしゃっていましたが、私は「動機の不純なる一番」が一番のクズで、失敗した努力の中で生きていく方がよっぽどよいと思うのです。

一番になれるのは数万人に一人です。一番になるには、いつも戦っていなければいけません。相手を征服することを繰り返して一番になるわけです。

戦うと必ずいつか負けます。そう、人間は勝った瞬間に負けが始まるのです。横綱もそうです。勝ってしまうと、あとは負けるしかありません。勝った者が一番寂しい。あとは負けるしかないからです。

そして勝った人がどのように負けるのかといったら、自分の一番の強みで負けるのです。たとえば第64代横綱の曙は自分の一番の強みであった大きな体が、一番の弱点になりました。勝つときはそれが一番の武器だったけど、大きな体が足に負担を与えてケガを繰り返しました。

かつての日本航空もそうです。調子がいいときは国際線で勝っていたけど、それが一番の足かせになった。一番の強みが一番の弱みになる。どんなに強い者でも、その強さが時代の変化で一番の弱点になります。

そうならないためには、多くの人びとのやすらぎ、平和観、幸せ感を考えてあげられる人間であること。一番じゃなくていい。競争じゃない。共に生きていく、分かち合う、手をさしのべる心がある人はいつまでもいい状態が続きます。それが「人間の徳」なんですね。

人生は「短いトランジット」だと思えば、ここで一番になる必要はありません。「天のクスクス笑い」を思い出してください。

「あんたは一番の楽園に降り立ったのに、極楽遊園地にいるのに、文句ばっかり言っている子どもと一緒よね。日本という素晴らしい楽園に来たのにどうして怒るん？　こんなにもいいところにいるのに、ちょっと売り上げが下がったとか、お金がないとか、不平不満ばっかり。もっと大事なことに目を向けて楽しめばいいのに。文句ばかりは人生の無駄時間……」

天が、そうやってクスクス笑っているように聞こえます。なるほどな、こんな小さなことで悩んでいたらいけんな……と、大きな景色に出会うとそう思うことでしょう。

私はよく「ドンベの理論」というお話をします。一番でかっこよく走るのもいいでしょう。でも、天が望んでいるのは足が遅くても、ドンベでも、生きるのがヘタでも誠実に「走りきる」ことなのです。この世に「バツイチ」はありません。やり直せばすべて「マルイチ」。少し時間をかけて学びを入れて、欲で穴の空いた心の滑走路を埋めながら、また飛び立ってください。バツイチはありません。やり直せばすべてマルイチ。天は努力する人にごほうびをくれる気がします。

人の心を打つのは小さな誠実、やさしさ、勇気です。転生の概念を受け入れたときに、はじめて、「あぁ、競争しなくていい。今世で学べることはきちんと今世で学んでいこう。目立つ仕事を達成したからといって胸を反らすこともない。ごく平凡でいいじゃないか」。そういう境地に入ることができます。

心が自由になれるのはこだわりがなくなったときです。「空いた席を楽しむ」のがいいのです。その席がたまたま上座だったら上座でもいいですし、空いた席が末席だったら末席でもいいでしょう。席の上下にこだわらずもっと自由に生きたらいいんやと思いますね。

清水

「空いた席を楽しむ」っていいですね。その姿勢がまさに天欲に従う生き方です。それって東洋的なんじゃないかなと思うわけです。西洋の人はnature（自然）の対義語としてart（芸術）をとらえる。根底には自然を支配するという考え方がベースにあります。これに対して東洋の考え方では来たものに対してベストを尽くす。与えられたものを受けて立つ。昔、何かの本で読んだのですが、木の切れっ端を使って何体も仏像を彫ったお坊さんがいて、その方は「木の中に仏像があり、自分はただそれを取り出しただけ」と言ったそうです。日本人のものづくりにはやっぱりどこか似たような精神が流れているように思います。西洋人が自然に手を加えてartを作るのに対して、日本人は自然の中にもともとある何かを引き出すという考え方がベースにある。組み合わせたり、引き算をして何かを作る。

よく日本人は発明が下手だといわれるけれども、考え方の出発点が西洋人とは違うんですよね。文化や宗教も何でも取り入れて、工夫して、自分たちに合ったものにする。クリスマスにはケーキで祝って、正月には神社へ初詣して、お寺へお墓参りに行くわけです。アインシュタインは、東洋文化を持ちながら、西洋文化を簡単に取り入れられる日本人が、これから世界をリードするだろうと言ったそうです。

さて、私たちはトランジットの人生で、たまたま地球に、しかも日本に降り立つことができた。これほどラッキーなことはありません。日本に生まれることができたのに、不平不満を言っていたら、クスクス笑いどころか大爆笑ですよね。

水に流す国民性／日本に生まれた意味／刀を手放した日本人

北川

そうですね。欧米人の思考は支配的、克服的で合理的です。中国人も、韓国人も、左脳で生きています。対して日本人は右脳的、非合理であるといわれます。日本人がなぜ違うかというと、頻繁に自然災害に遭うからだと思います。地震、台風、洪水……。日本人はそのたびに一切合切を失ってきました。畏れるものがこの世の中にあるというのを何回も体験させられてきました。阿蘇山が揺れるなんて、そりゃ体験してごらんなさい。あの巨大な山が波打つのですから。人間の知識をはるかに越えた力があるということがわかりますよね。そういうことを日本人は何回も経験し、その都度、謙虚になったり、絆を大切にしたり、手を取り合うことの大切さを学んできました。だから日本人は、ほかの国の人よりも謙虚で、恨みを残しません。

日本人は「水に流す」ということを知っています。キリスト教の世界では許す（forgive）という言葉は出てきますが、水に流すという言葉はありません。許すというのは契約社会の言葉です。言い換えれば記録を残すことです。「何年何月にあなたはこうした」という記録を残します。記録が残れば、傷跡が残ります。1000年前に十字軍にやられたというのを、許しはしたけれども、記録し、記憶にとどめているんですね。

これに対して、水に流すというのはさっぱり跡形もないようにすることを指します。水に流せば何もない。今、日本も契約の世界になってきているけど、昔の日本は契約社会ではありませんでした。だからアメリカが原爆を落としても文句を言いませんでした。たとえ恨みを残しても、いつまでも傷つくのは自分たちだということを知っているからです。だから水に流す。「反省がない」と言われればそうかもしれないけど、原爆を落とされても忘れられる。アメリカに文句を言わない。これはすごいことやと思います。

アメリカは第二次世界大戦で東洋の強国である日本を打ち破り、支配をしたら日本がコロッと寝返って、従順になりました。これに味をしめたアメリカは、征服すれば自分の味方につくと思って、世界中でそれを実践しましたが、これが成功したのは日本だけでしたね。それだけ日本というのは特殊な国なんですね。「やましさ」を知っているからでしょう。日本には「やましさ文化」というものがあるのではないかと思います。

日本人の「水に流す」という国民性は、世界的に見ても稀ですし、大事なことだと思います。いつまでも恨みを残すのではなくて、次の世界へ、前向きに生きるということは、過去を忘れるのではなくて、水に流すことですね。反省は必要だけれども、恨みは残しません。

日本人にこの魂があるというのがすごいことだと思うのです。ここ日本に生まれたからにはその日本人ならではの特質を学ばないといけないと思うのです。人類として、です。人類として学ぶべきことを、日本ではいっぱい学べるなぁ。そして来世、世界のどこかの国に生まれて、それを広めて人びとを楽にしてあげなければいけない。そんなことを、断食のときに教えられました。

日本というこの国で生を受けたということは、「この国に生まれてよかったね」ではなく、「この機会を逃さず、この素晴らしい心の文化を持つ日本で学びなさい」といわれている気がします。人にやさしさ、思いやりを分かち合うこと。自分中心に生きるのではなく、利他の精神で生きること。感謝と祈りというのは、あなた自身にすごい幸せをもたらすことを、日本という転生の中で学びなさい。そう、天からいわれている気がします。

繰り返しになりますが、天はすべてを準備しています。私たちはトラブルを取ってもいいし、平和を取ってもいい。たとえばダイナマイトをどう使うかはその人次第です。争いに使えば人を殺めて悲しみを生むし、トンネルをつくって喜びを与えることもできる。すべて準備されているけど、どう使うかはあなた次第です。そのかわり、それぞれに厳粛なルール、罰則、掟があります。天は怒りを最も嫌います。怒りに対しては罰則を設けています。イライラすると食べものが脂っこくなります。人の悪口を言いたくなります。顔が歪みます。すると人が寄ってこなくなります。対人関係を悪くし、職業を失うかもしれない。天は怒りに対して罰則を与えます。それでも人は、ついつい怒ってしまいます。

怒りは、「学びを得る」という意味においてはこの人生の中で必要でしょう。しかし相手を苦しませるところまでいかないうちに、その罪の深さを学ばなければいけません。

私たち人間は何回も同じ過ちを繰り返してきました。かつて日本人は刀で人を斬り殺していましたが、怒りで相手を斬り殺すことが不幸を生むことを学び、江戸時代に刀を使わなくなりました。この400年の間にすごく進化しました。現代の日本人は刀を持たずに生活しています。刀を美術品として愛でることはあっても、人を殺めるために使う人はいなくなりました。アメリカ人はまだそれを学んでいないから、拳銃を持っています。日本人が昔、刀を持っていたのと変わりませんね。

清水

先日、おかしなことがありました。「清水さんには10年前に世話になった。ぜひ会いたい」という電話があって、ある男性が実際にうちの店に来ました。入るなり自分のことを散々しゃべって営業までした挙げ句に名刺を置いて帰っていきました。本を一冊も買わずにですよ。昔の名刺を引っ張り出して営業をかけるという会社の戦略なのかもしれないけれど、「買ってください」としか言わない人から物を買いたいとは思わないですよね。仕事というのは相手の役に立つことを見つけて成り立つものです。自分の利益ばかりを考える人に仕事をお願いしたくはありません。

こんなこともありました。ある講演会で講演者の書籍を販売していると、会場に来ていたお客さんが本を手にとって「この本はどういう本なの？」と聞くので説明をしました。そうしたらとても興味を示した上で、「私、アマゾンでは本を買わないけれど、近所に応援したい本屋さんがあるので、この本はそこで買います」と言って買わずに立ち去ったんです。びっくりしました。書店で本を買って応援するというハウツーをどこかで覚えたのでしょう。だけどね、目の前にいる私も本を売って生計を立てている書店の人間です。そういうことが分からないんですね。

なんだか最近はハウツーばかり詰め込んで満足している人がますます増えてきました。

北川

ハウツーで生きる／悲しみをすり抜けて生きる人／脳の理解を超えた何か

本当にハウツーを「鵜呑み」にしている方が多いですね。そこまでこられて本を買わないという野暮な方がいるんですね。

私の所にもときどきいらっしゃいますよ。私を訪ねてきて、「何か私にひと言サインください」「一緒に写真を撮らせてください」と言って私とのツーショット写真を自分のブログに載せるんだけど、本も陶器の一つも買わず、「ガンバッテください。応援してます」とだけ言って帰る人……。何しに来たんや！　と。否定はしませんが、おつきあいはしたくありませんね。

先日、とある接客業の方とお話をする機会がありました。ところが、ただ容姿がキレイなだけで、魅力がない。笑顔も素敵です。笑顔を作るタイミングも完璧です。物事の断り方も上品です。でも、話をしていても心を感じないといいますか、すごく浅いんですね。すべてどこかで聞いたことのあるような話ばかり。知識の寄せ集め。ハウツーで生きているんです。どうやって生きるかではなく、どう対処して、いかにすり抜けるかということに一生懸命で、情報を詰込んでいる。受験勉強と一緒ですね。人生の傾向と対策。決まり文句ばかりで、情熱なく、かえってよい印象がありません。というより人間的魅力がありません。もう少し、パッション、誠意、向上心、志みたいなものがほしいですね。そこまでは無理か……。

ハウツーの根本にあるのは、ただ勝ち残りたい、出世したい、自分のためだけに生きているように思えてなりません。そしてハウツーで生きてきた人はそのことに気がつかない。挫折を挫折と思うことなく、学びを得ないままにすぐに立ち直ってしまう。すべてのものごとはメッセージと学びであるはずなのに。自分が過去に人を傷つけたこと、悲しみを与えたことに気がつかなければいけないのに。

これから、人を傷つけないで共に生きていくことを学ばなければいけないのに。

自分の利益を先に求める人、そんなん全然、心で生きていないよね。ただハウツーで生きている。いかに自分を売り込むのかということしか考えていません。

断食して見えるのは、魂の流れと、個々の人生に起きる人間の生きざまです。たとえ短いトランジットだったとしても、何も学ばない人生では意味がありません。人間の悲しみを、すり抜けて生きていく人は成長できません。何回転生しても同じ過ちを繰り返してしまうだけです。

頭のいい人は往々にして、いかに自分が上手に生きるかに全力を注ぎます。お金を上手に得る理屈を考え出すのに長けています。論理的思考に重点を置き、数字に強い。でもそれは、人間の脳の中だけの理解なんです。そういう方は、清水さんのお店の本をすべて読んでも悟りは開けないでしょうね。言葉だけの体験だから。人間の脳の中だけの、理解の世界ですから。私が大切だと思うのは、むしろ脳の外にあるものです。脳の理解を超えた「宇宙の摂理」といったような何かなのです。

清水

近頃は「女性活躍」という言葉をよく聞くようになりました。周りにもがんばっている女性が本当に多い。女性の経営者も増えていますね。

うちのお店に来るお客さんを見ていても、女性の方が直感力があるし、決断が早いですね。それに比べて男はダメ。いつまでも立ち読みして、手に取ったかと思うと棚に戻したりして、いつまでもグズグズしています。「この本を選んで失敗したらどうしよう?」「途中で読むのが嫌になったらどうしよう?」そんなふうに思うから長い時間をかけて本を選ぶのでしょう。女性の場合は、直感ですから、「途中で飽きる? それでもいっか」「まいっか」という感覚がある。だから選ぶのに時間がかかりません。実は、仕事がうまくいっている男性も本を選ぶのは早いですね。

女性の感覚の時代／子宮はマイナスを受けやすい／達成感と幸福感

北川

男がダメ？　まったくそう思います。今、注目すべきは男性の感覚ではなく、清水さんのおっしゃるような女性の感覚でしょうね。これからは、男性の感覚ではなくて女性の感覚で生きていったほうがいいのでしょう。世の中の流れは「女性の時代」というよりも、「女性の感覚の時代」に入ってきました。男の達成する喜びよりも、女性的な幸せの喜びの方に時代が傾いてきましたね。

今までの経営者は「やっつけた」「完成した」「成功した」という達成感を求めてきました。けれども、それは非常に私たちを苦しめてきたのです。なぜならそれは数字を追い求めることにつながるから。そうではなく、その奥にある、達成感ではなく、幸せ感といいますかね。先に周りの人を幸せにしながら、次に自分も幸せになっていくという生き方、経営の仕方が求められるでしょう。達成しても人を苦しませた上であれば意味がないといえます。しかし、それが分かっていても、ほとんどの経営者は達成感を求めて生きているのですが……。

がんばっている女性が増えた一方で、今は女性の中にも、男性と同じように達成感を求めて、行き過ぎてしまっている方も多く見られます。争うことを求める女性は、男以上に世の中を乱します。

それにしても争う人たちは、食べものにしても脂ものが好きですよね。子宮がんや乳がんになる女性が増えているのも、まったく無関係ではないように思います。

女性には子宮があります。子宮というのは、苦情やマイナスの感情を敏感に受け止めます。女性は人に嫌われることをとてもいやがりますよね。「みんなに好かれたい」という気持ちを根本的に持っています。だから社会に出た女性は、傾向として、自分を嫌う人を排除していきます。なぜなら「自分は好かれたい」という気持ちを持っているからです。好意を持っている人に対してはうまくやっていく。しかし、好意を持たれていないと思った瞬間に距離を置いたり、排除しようとする。ですから優秀な女性は、男性以上に合理的に考えてしまいます。人間の情とか、そういう部分で男性よりもクールになれるのです。

禅の世界では、悟りを開けるのは男性だけで、女性は悟りを開くことができないといわれています。女性はエネルギーを内に溜め込む傾向があり、それで悟りが開けない。良い悪いではなく、そうみたいです。悟りの世界は、子供を産む能力があるとダメみたいですね。子宮があると悟れないみたいですね。これは人間の構造の違いではないかと思います。男性は射精するだけ、対して女性は子供を宿すと愛を感じてしまいますから。

キリストとマリアをイメージしてください。リオデジャネイロにあるコルコバードのキリスト像は大きく手を広げていますよね。一方でマリアのイメージはというと、子供を抱いていますよね。愛するものを抱きしめて内に入れているようにみえます。このように、男性は手を広げてすべてを救おうとし、女性は特定の人を救おうとします。女性は個人的な感情を持つから深くなりますよね。どちらの愛も素晴らしいし、両方必要ですね。

悟りというのは、多くの人を救うという感覚がなければそこにいたることができないと思います。縁のあるすべての人を救ってあげたいと思い、手を広げる。それが悟りの原点だと思います。

少し話は逸れますが、女性はおいしいものを食べると「幸せ」と言いますが、男性がそう口にするのをあまり聞きません。女性的な男性はそう言うかもしれないけれど。

男性が仕事でうまくいったらどうですか？「幸せだなぁ」と思うでしょうか。どちらかというと「やったぞ！」という感覚ではないでしょうか。それが、男性の感覚と女性の感覚の大きな違いでしょうね。

夫婦愛が象徴的です。男性は射精しますね。女性は射精を受けて子どもを授かります。受容です。男性が射精で得られるのは達成感です。男性は仕事でもそれを求めます。これは性的な達成感と同じ構造なんだと思います。男性は達成感を求める。女性は幸せを大事にする。女の人は「幸せ」という言葉をいっぱい使いますね。これが達成と受容の違いなんだと思います。

清水

実践的なことを聞かせてください。北川先生は瞑想をすすめていますし、実際にご自身でも瞑想を実践しています。一方で、最近の人は瞑想がうまくできないという話も聞きます。どのようにしたら瞑想ができるのでしょうか。

北川

左脳のおしゃべり／ビールの泡／thinkingを止める

瞑想も、楽器や野球のバッティング、バスケットボールのシュートと同じで、練習を積まなければ上手にできません。誰にでもできますが、やはり繰り返し行うことが必要です。

日常的に瞑想をしていない人が瞑想をしようとすると、最初は左脳が働いてしまいます。「明日までにこれをしなくちゃ」とか、「今、私は何してるんだろう？」とか。雑念がどんどん出てきて、言葉になって出てきます。それは左脳のおしゃべりだと思ってください。みなさんの心がおしゃべりしているのではなく、左脳が勝手におしゃべりしているんだと思ってください。だからおしゃべりをさせるがままにしてください。そして人が通り過ぎる音なんかが聞こえたら、「世の中は今、平和なんだな。みな生きているんだな」と、世間の雑音を受け入れることですね。

たとえばビールをコップに注ぐと泡が出ますよね。左脳のおしゃべりはこれと同じです。そのまま置いていたら、練習を積むうちに泡は消えてなくなります。そのように雑念はあるときフッと消えて真っ青な世界か、真っ黒な無の世界か、ほかの世界にポンと入ることができます。雑念はビールの泡だと思ってください。それができるようになるまで3カ月かかる人もいますし、1年かかる人もいます。けれども、それは自分が瞑想に向いていないからではなく、慣れていないだけなのです。

「無」になりなさい、といわれても無理ですよね。無になるというよりも、「thinkingをストップさせる」といった方が今の人には分かりやすいでしょう。激しく流れる川は、川底にある石が見えません。でも川の水を止めれば川底が見えてきます。thinkingを止める(no thinkingの状態)とは、心の川の水を止めることです。そうすると底にある天の小石が見えてきますよ。そう、誰もが……です。

清水

お母さんのおにぎりが誰にとってもおいしいように、「見えないけれどあるもの」の力というのは、日常の中にたくさん潜んでいるような気がします。オーラや波動といったものも、同じようなものでしょうか。

見えないけれどあるもの／エネルギーセンサー／透明の中にすべての色がある

北川

そうですね。ウチワをあおぐと風を感じますね。目では見えなくても、感じるということは存在しているということです。磁石もそうですね。見えないけれどエネルギーを感じます。森羅万象、あらゆるものがそういったエネルギーを発しています。愛情もそうでしょう。好意というのはエネルギーを持っていて相手に伝わるものです。同じように嫌悪感も伝わります。人間にはエネルギーセンサーが備わっていて、それを感じ取ることができます。だから顔(表情)は、目に見えるオーラといえるでしょう。

舌もエネルギーを見分けるセンサーの一つです。古いものはおいしくない。古いものはエネルギーが少ないからね。新鮮なものはエネルギーをたくさん持っているから「おいしい」と感じる。舌は、味ではなく、エネルギーを感じているのではないかと私は思うのです。そういう意味で舌は食べものに対するエネルギーセンサーですね。

鼻もエネルギーセンサーです。特に女性は子どもを育てるときに、匂いを有効に使ってきました。南極のコウテイペンギンは毎年、数万頭の集団になって卵を産みますが、何万頭といる中から自分のペアや子どもを見つけるといいます。顔や形ではない。匂いをたどって見つけるんですね。それだけ嗅覚がすぐれています。

昔はベッタリ甘えていた娘が、あるとき急に父親を遠ざけるようになる。そんな寂しい経験を持つ男性も多いでしょう。女の子は、父親の匂いに男性を感じると嫌がるようになります。自分の父親を異性として感じた瞬間に「お父さん、臭い」と言い始める。それは性的に成熟してきた証拠なのです。血筋か、自分に近い男性の匂いを嫌がるのです。それから女の子は自分の好みの匂いを探し始めます。好きな人の匂いというのは全然嫌じゃなくなるのです。女の人は匂いで子どもを見分けてきた、その名残でしょうね。

匂いは、相手と自分とを見分ける手段の一つです。敵か、味方か。これは人類が戦いを繰り返した時代の名残なのではないでしょうか。匂いが強い人に対しては、嫌悪感を抱きます。タバコの匂いや体臭の強い人は、それだけで敬遠されてしまいます。匂いの強い国へ行ったとき、その国の人間に嫌悪感を抱いた経験はありませんか。反対に、日本人は醤油臭いといって嫌がる外国人もいますよね。私たちは醤油文化だから、しょーゆー匂いが好きだけど……。

匂いは自他を分ける手段です。敵か、味方かを瞬時で判断します。欧米人はそれを乗り越える術を持っています。目があったらニコッと笑いますよね。それは「敵じゃない」という合図です。匂いを打ち消すために目で先に敵じゃないと伝えるわけです。

すべてのものは波長です。音も波長、色も波長、匂いも波長、私たちの存在も波長に過ぎません。言い換えれば、すべてのものは同じエネルギーです。それが、エネルギーセンサーを通して、音として聞こえたり、色として見えたり、匂いとして感じられるのでしょう。すべての色を合わせると何色になるでしょうか。絵の具を混ぜれば黒になりますね。光は合わせると透明になります。つまり、太陽の一つの透明な光の中にはすべての透明なエネルギーの色が含まれているのです。水晶を使えば、一つの光は7つの光に分けられますね。私は断食をする中でこの真理に気がつきました。私たちの周りには目に見えるものだけが存在するのではなく、透明なるもの、意志を持った何かが存在していることに気がつきました。それは心に反応します。「心には力がある」からです。

濁ったものをため込んでいくと、絵の具と同じで黒に近づきます。「お金持ちになりたい」「有名になりたい」「あれもこれも欲しい」。そういった欲望が強くなるとオーラが濁ってきます。オーラが濁ると顔が黒くなります。ほら、おかしな国会議員のように。

反対に、良きエネルギーは澄めば澄むほど透明に近づきます。そして、ある意志を持ち始めます。人を救いたいという意志です。天はすごいですね。この仕組み……すばらしいと思いませんか？

ブッダやキリストやマホメットの光背（後光）は、非常に純度の高い、限りなく透明なオーラだったのではないかと想像できます。

ちなみに、ブッダもキリストもマホメットも40日間の長断食を経験しています。意外なところではヒトラーも山にこもって40日間の長断食をしたといわれています。それから魔の力を得たそうです。たとえば、ドイツのアウトバーンはヒトラーのアイデアから生まれました。中心部に都市機能を集約し、外側に住宅地を作って高速道路で結ぶ。そんな大胆な発想ができたのも長断食が関係しているように思います。それは、論理的なプロセスを飛び越えた直感の力ではないでしょうか。ちなみに彼は将校ではなく、伍長でした。

私にはその感覚が分かります。断食をすると、言葉では表現し得ない世界のいろいろなことが分かるのです。それを説明するための言葉を得るのに、能力の低い私は本当に長い時間を要しました……。

清水

昔では考えられなかったことですが、近頃は「人生100年時代」などといわれるように100歳を超える方がたくさんいらっしゃいます。一方で、老いということを考えたときに、「おいしいものが食べたい」とか、「ふかふかのベッドで眠りたい」とか、いつまでたってもそういう人欲を持ち続けている人もまた多いように思います。

北川

100歳のプレゼント／選ぶ世界から与える世界へ／相手の喜びが私の至福

日本には100歳以上の方が5万人を超えるといわれますね。介護職の方に聞いたのですが、人間は100歳を超えるとやさしいオーラとあたたかいエネルギーを持つようになるというのです。これを私は「100歳のプレゼント」と呼んでいます。天は100歳を超えた人に、これまでとは別の世界、「至福の世界」を準備していて、他者の喜びを自分の喜びとする世界に入るようです。この話を聞いて、私はずっと100歳の至福の世界を追い求めていたことに気づきました。実際に100歳の人がこれだけ増えたことで、「100歳のプレゼント」の存在を知ったし、みんながそれを目の当たりにできるようになりました。

おそらく100歳の研究者が調べたら、天の準備された世界が本当にあることを証明できるでしょう。100歳の境地は、人を救うことや他者の笑顔のために生きることで自分自身が幸福になる。何も物を欲しない。物欲はさっぱりと消える……のでしょうね。

肉体が若く元気な間は快楽を求めます。「おいしいものが食べたい」「ふかふかのベッドで眠りたい」ということを求めるのは肉体が元気である証拠です。100歳を超えて肉体が衰えると、それがすべて消えてしまいます。自分が至福の世界の中にいるから、人の喜びのために生きていけるのでしょう。ですから「ふかふかのベッドで眠りたい」と思うのは若い証拠といえます。

結局、スピリチュアルに生きるとは、「天が準備した世界へ行くこと」を願うことであり、「至福の世界への憧れ」です。心の準備ができれば、100歳になる前にそこに到達することができます。それを成し遂げたのが、ブッダであり、キリストでしょう。天が準備したものを欲する世界というのは「選び取る世界」です。

のを選び取って生きる世界です。ですが、100歳の世界に入ったら何も求めません。ただ一方的に与えるだけの世界にいる。100歳以上は「与える世界」です。だから、100歳にならなくても、人のために生き、「与える世界」にいる人ほど幸せなのです。

それにしても、天はどこまで準備してくれているのかと、感心するしかありません。100歳まで生きれば、ただひたすら人の喜びの中に生きる至福の世界に入れるというのですから。至福というのは、相手の喜びが、「自分の最高の喜び」になるということです。

それはおそらく、音楽に近い感覚だと思います。自分一人で楽器を演奏するのと、ほかの人と一緒にアンサンブルするのとでは、違いますよね。アンサンブルはすごく気持ちがいい。ハーモニーというのは相手の喜びが自分の喜びに重なることでしょう。その感覚が「100歳のプレゼント」に近いのではないでしょうか。100歳の世界の感覚に到達するために、私たちは生きているんやろうね。まだまだがんばらなくちゃね……（泣）。ハイ、終わり！

爪楊枝よく盥水を回す。巻き起こせ！　一人庶民革命

北川先生のお話はいかがでしたか？　40日間の断食をする気になりましたか？

私はやっぱりムリです。ラーメンとお酒が大好きだから。

読者のみなさんが、北川先生のメッセージから受け取ることはさまざまでしょうが、ぜひ私は「体育会系の読書家」になってほしいと願っています。本を閉じた瞬間に一切合切忘れちゃうのではなく、本を読んで得たことをさっそく行動に移してみましょうよ。

それは何かといったら、「与えられた仕事を一生懸命やること」、これに尽きます。北川先生の場合は、それが断食であり、断食から得られたことを一人でも多くの人に伝えることでした。私の場合

おわりに

清水克衛

は、本を売ること、「縦糸の読書」をする人を増やすことです。飲食店に勤めている人であれば、お客さんのために一生懸命おいしいものを出そうとすることでしょう。経営者なら、事業を通じてたくさんの人を雇うこと。それが天欲です。利益を出すために人件費を削って派遣社員をどれだけ増やすかに汗をかく。そんなの真逆ですよ。ちっとも天欲に沿っていない。

昨今よく見られるようになった、プライベートばかりを重視して働くことを否定するような風潮も、なんだか奇妙だと思いますよ。みなさん、もっと仕事のことを考えようよ。特に男！　男なんて、仕事をするしか能がないわけです。ワークライフバランスという言葉も気持ちが悪いですね。いかにもワークとライフが別物で、ワークが悪者扱い。ワークとライフを分けたり、対立させる必要があるのでしょうか。仕事はさっさと終わらせて、どれだけ遊ぼう、何して遊ぼうなんて考えること自体が寂しいですよね。

なぜそうなってしまうかというと、死生観がないからでしょう。

現代は死生観が持ちづらい時代です。なぜなら資本主義というのは、下手に消費者が死生観なんて持ち合わせてしまったら困るからです。「明日死ぬかもしれない」と考えている人が家を買うでしょうか。「明日死ぬかもしれない」人が高級車を買うでしょうか。「いつまでも長生きするものだ」と洗脳しないと経済が回っていかないんです。85歳からでも入れるがん保険なんて成り立たないんです。

仏教学者の紀野一義さんは「オレは明日死ぬ」と口癖のように言っていたそうです。それを知って私もやってみました。会う人、会う人に「オレは明日死ぬ」といって歩いて回りました。やってるとだんだん気持ちよくなるんですね。

死を考えなければ、生はぼやけます。死生観のない生は人間を腐らせます。本気で死生観を持った方がいい。死生観を持つと生き生きと力強くなる。本当にやってやるぜという気持ちになる。力への憧れ、ニーチェがいうところの力への意志が湧いてきます。

「人は必ず死ぬ」「人生は一度しかない」「人はいつ死ぬか分からない」。この3つは真理です。ところがそれは分かっているつもりでも、3番目をみんな忘れてしまいます。著作が多数ある田坂広志さんは、この3つを意識して生きると逆境力、使命感、時間密度が濃くなると分析しています。戦前の日本人は、人間の器を大きくするためには3つの条件があるといいました。一つは病気になること。一つは戦争を経験すること。一つは投獄されること。今は平和な時代だから死生観は持ちづらい？　果たしてそうでしょうか。戦争は起きています。経済戦争です。うちも毎日アマゾンと戦っていますよ！

おわりに

清水克衛

箸よく盥水《かんすい》を回す、という言葉をご存じでしょうか。

盥水とは、盥《たらい》に入った水のことです。盥に並々と入った水を一本の箸で回しても水はほとんど動きません。ですが、あきらめないで回し続けると水は少しずつ箸の動きに従って回り出し、しまいには大きな渦を起こします。

私たち一人ひとりはこの箸です。ひょっとしたら箸よりも細い爪楊枝かもしれません。たとえ爪楊枝でも、なんだか世の中おかしいなと思うのなら、あきらめずに盥水を回してみましょう。

格差社会の時代には革命が起きるそうです。歴史がそれを証明しています。明治維新も、もとは江戸幕府が薩摩藩・長州藩を冷遇したことで生まれた格差が、革命をもたらしたといわれます。

徒党を組む必要はありません。徒党を組めば、間違えます。スコットランドの作家チャールズ・マッケイは「人は集団で考え、集団で狂気に走る」といっています。分別を取り戻すのは一人ひとりです。みなさんも世間の常識という「ものさし」を捨てて自分自身の「ものさし」を持ち、お釈迦様風にいえば「自灯明」で、このおかしな世の中を変えるために一人庶民革命を起こしてほしいと願っています。

私は私の仕事で。あなたはあなたの仕事で。

明日オレは死ぬ。だから、爪楊枝で盥水を回すのです。

おわりに

清水克衛

清水 克衛《しみず かつよし》

1961(昭和36)年東京生まれ。書店「読書のすすめ」代表、逆のものさし講主宰。

大学在学中、たまたま暇つぶしのために読んだ司馬遼太郎『竜馬がゆく』第5巻との出会いがきっかけで、突如読書に目覚めるとともに、商人を志す。大手コンビニエンスストアの店長を10年務めたのち、平成7年に東京都江戸川区篠崎で小さな書店を開業。「10年や20年前の本でも、大正時代に書かれた本であっても、その人が初めて読む本はすべて新刊」という信条のもと、常識にとらわれない知恵と情熱で商いを続けた結果、全国からお客さんが訪れる繁盛店となる。著書に、『「ブッダを読む人」は、なぜ繁盛してしまうのか。』『非常識な読書のすすめ』(以上、現代書林)、『5%の人』『他助論』(以上、サンマーク出版)、『魂の燃焼へ』(執行草舟氏との共著、イースト・プレス)、『魂の読書』(育鵬社)など、多数。

公式ブログ「清水克衛の日々是好日」http://ameblo.jp/dokusume/

北川 八郎《きたがわ はちろう》

1944(昭和19)年、福岡県生まれ。経営セミナー「満月の会」主宰者。

インド放浪。1984年に信州から九州阿蘇外輪山の小国郷に移住。41歳で45日間の断食、43歳で46日間の断食に導かれ、小さな光明を得る。その後、南小国町で「満願寺窯」を開き、自然灰釉の器を創作する一方、自作農業に勤しみ「七陶三農」の生活を送る。現在は、経営者のための「満月の夜の勉強会」など、講演と経営セミナーを各地で主宰している。著書に『あなたを苦から救う お釈迦さまのことば』『幸せマイルール心に清音をもたらす言葉集』(以上、高木書房)、『ブッダのことば「百言百話」』『繁栄の法則』(以上、致知出版社)、『心の講話集 6冊セット』(楽心会)、『無敵の経営』(サンマーク出版)、『奇跡を呼び込んだ断食』(内外出版社)ほか。

現在ポッドキャスト「キクタス」で「人生を変える出会い」毎週放送中。

「満月の会」受講生受付中、ホームページ http://manganjigama.jp/

又は、事務局 奥川 takuya.okugawa@gmail.comにお問い合わせください。

【準備された世界】

初　刷――二〇一八年七月十八日
著　者――清水克衛　北川八郎
発行者――斉藤隆幸
発行所――エイチエス株式会社　HS Co., LTD.
064-0822
札幌市中央区北2条西20丁目1-12佐々木ビル
phone : 011.792.7130　fax : 011.613.3700
e-mail : info@hs-prj.jp　URL : www.hs-prj.jp
印刷・製本――モリモト印刷株式会社

ISBN978-4-903707-84-6